Disney

30 Histoires pour le soir

hachette
JEUNESSE

SOMMAIRE

★ Histoire N°1 ★

Disney

LE ROI LION

Le singe Rafiki présente Simba, le fils nouveau-né du roi Mufasa et de la reine Sarabi. Tous les animaux lui rendent hommage. Tous, sauf Scar, le frère de Mufasa, qui rêve de devenir roi et enrage de voir le lionceau désigné comme l'héritier du trône.

Simba a bien grandi. Sous l'œil vigilant de Zazu, il adore s'amuser avec son amie Nala.

Mais aujourd'hui les lionceaux ont décidé de s'élancer vers les terres interdites... Là, les hyènes alliées de Scar s'apprêtent à les dévorer !

Heureusement, Mufasa surgit à temps pour les chasser. Simba est sévèrement réprimandé par son père. Cependant, Mufasa ne reste pas longtemps fâché.

De son côté, Scar élabore un autre plan... Quelques jours après, il attire Simba au fond d'un ravin où les hyènes effraient un troupeau de gnous.

Les animaux foncent sur le petit lion qui s'accroche à une branche.

En haut de la falaise, Scar triomphe, mais, une fois encore, Mufasa arrive à temps et sauve la vie de son fils. Blessé, le roi rejoint Scar. Soudain, il glisse et se rattrape à une corniche.

« Aide-moi, mon frère ! » supplie-t-il, suspendu au-dessus du vide.

Scar pousse alors Mufasa dans le ravin, où les gnous le piétinent. Simba court vers son père et tente de le ranimer. Hélas, le roi a succombé à ses blessures… Scar s'approche du lionceau :

« C'est par ta faute que ton père est mort ! Que va dire ta mère ? Pars et ne reviens jamais, tu n'as plus ta place ici ! »

Fou de chagrin, Simba s'enfuit.

Le lionceau erre longtemps avant de rencontrer Timon la mangouste et Pumbaa le phacochère, qui l'accueillent chaleureusement. Simba a trouvé une famille d'adoption !

Les années ont passé et Simba est devenu un lion magnifique. Un jour, alors qu'il se promène, il tombe sur Nala.

« Simba ? Scar nous a dit que tu étais mort, comme ton père ! Il s'est emparé de la Terre des Lions. Tu dois revenir ! »

Simba refuse et Nala repart tristement. Mais Rafiki a lui aussi retrouvé le jeune prince. Près de la mare, il lui demande de regarder son reflet. Simba entend alors la voix de son père :

« Un jour, tu seras roi. »

Simba comprend enfin que sa place est sur la Terre des Lions et il regagne son royaume.

En voyant Simba, Scar bondit sur lui. Ni une ni deux, Simba esquive l'attaque et précipite le traître du haut d'un rocher. En bas, trois hyènes dévorent sans pitié leur ancien maître.

Simba est devenu roi et la paix est revenue. Puis, quelques mois plus tard, c'est avec une grande émotion que Rafiki présente aux animaux le fils nouveau-né de Simba et de Nala.

★ Histoire N°2 ★

Disney · PIXAR

LE MONDE DE NEMO

Marin et Corail, un couple de poissons-clowns, attendent la naissance de leurs enfants. Mais un barracuda en chasse a repéré Corail et les œufs ! Marin s'interpose avec courage. Malheureusement le barracuda l'assomme d'un coup de queue. Quand il revient à lui, il ne reste qu'un seul œuf dans le sable. Tristement, Marin le serre contre lui.

Peu de temps après, Nemo vient au monde. C'est un joli poisson, vif et très curieux, avec une toute petite nageoire. Ce matin, Nemo et ses camarades partent en exploration vers un bateau au-dessus d'eux. Marin rappelle vite son fils à l'ordre : c'est dangereux ! Mais Nemo s'entête !

Par défi, il file toucher le bateau.
Soudain, un plongeur surgit et le capture…

Marin part à la recherche de Nemo accompagné de Dory, un poisson sympathique à la mémoire courte... En chemin Marin et Dory remarquent un masque tombé du bateau du plongeur. Ensemble, ils déchiffrent l'adresse qui est inscrite dessus :

P. Sherman, 42, Wallaby Way, Sidney.

Ni une ni deux, Marin et Dory se mettent en route vers Sidney.

Loin de là, Nemo se retrouve dans l'aquarium d'un dentiste. Il est accueilli par d'autres poissons et l'Amiral, le pélican. Nemo apprend alors qu'il a été capturé pour être le cadeau d'anniversaire de Darla, l'horrible nièce du dentiste qui martyrise les animaux !

De leur côté, pour retrouver Nemo, Marin et Dory franchissent un canyon de méduses, puis une gigantesque baleine les engloutit. Tout semble fini quand la baleine les expulse dans un hoquet impressionnant. Ils sont projetés dans le port de Sidney, tout près de Nemo !

« Au secours, crie Marin, je dois retrouver mon fils Nemo ! »

L'Amiral l'a entendu :

« Tu es le père de Nemo ? Venez dans mon bec, avec ton amie. Je vous conduis auprès du petit ! »

L'Amiral se pose sur le rebord de la fenêtre du dentiste.

Darla pique une colère car Nemo, son cadeau d'anniversaire, semble mort ! Le sac en plastique dans lequel il se trouve crève et Nemo bondit dans le lavabo. Il a fait semblant d'être évanoui pour s'échapper par les tuyaux qui se déversent dans l'océan.

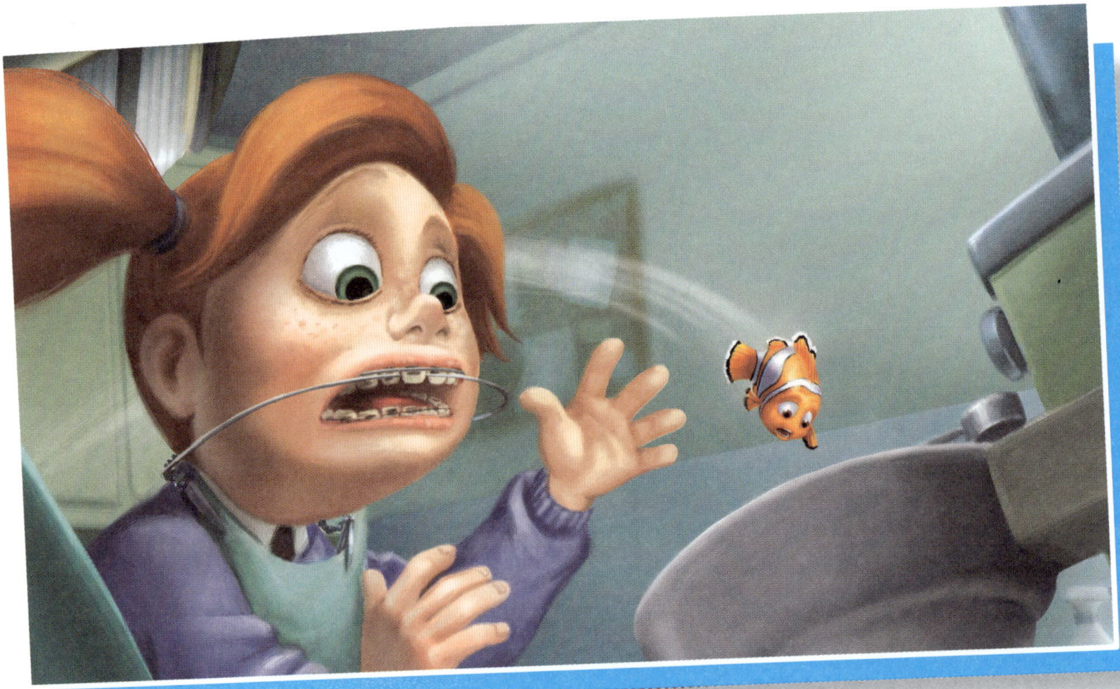

Rejeté dans l'océan, Nemo tombe sur Dory et Marin au milieu d'un banc de poissons. À cet instant, un filet de pêche s'abat sur eux. Nemo les encourage à nager à contresens pour faire ouvrir le filet, qui craque enfin ! Marin est si heureux ! Il serre son fils dans ses nageoires.

C'est promis, Nemo écoutera désormais les conseils de Marin, le poisson le plus courageux de l'océan.

★ Histoire N°3 ★

Disney

Merlin l'Enchanteur

Il y a très longtemps, l'Angleterre était sans roi. Un jour, une enclume apparut, avec une magnifique épée enfoncée dedans. Selon la légende, celui qui parviendrait à extraire l'épée de l'enclume deviendrait roi. Beaucoup d'hommes essayèrent, mais l'épée ne bougea jamais. Peu à peu, on oublia l'épée et le pays resta sans souverain.

Non loin de là vit Arthur, un petit orphelin surnommé Moustique. Il accompagne Kay, son frère adoptif, à la chasse. Pour récupérer une flèche de Kay, Moustique escalade un arbre. Soudain, il glisse et passe à travers le toit d'une chaumière. Il est accueilli par un vieux bonhomme à la barbe blanche.

« Je suis Merlin l'enchanteur ! Je lis l'avenir et je t'attendais ! »

Merlin raccompagne Moustique chez son père adoptif, Hector. Merlin annonce alors à Hector qu'il sera désormais le professeur du petit garçon. Hector accepte, car il a bien d'autres préoccupations : un tournoi est organisé et le vainqueur deviendra roi d'Angleterre.

Voilà qui serait parfait pour Kay !

Peu de temps après, Merlin commence les leçons. Il transforme Moustique en oiseau pour lui apprendre à voler. Mais Moustique tombe dans la cheminée de la chaumière de Madame Mim, qui se dit être la plus grande des sorcières. Elle provoque Merlin dans un duel de magie. Elle triche en se transformant en dragon, alors Merlin se change en microbe et lui donne la rougeole !

De son côté, Kay se prépare pour le tournoi et choisit Moustique comme écuyer. Fou de joie, le petit garçon annonce la bonne nouvelle à Merlin. Mais, pour le magicien, Moustique gâche son avenir en étant écuyer ! Furieux, il disparaît.

Le jour du tournoi est enfin arrivé. Les chevaliers s'affrontent. Horrifié, Moustique réalise qu'il a oublié l'épée de Kay à l'auberge.

« Va la chercher ! » rugit Kay.

Comme les portes de l'auberge sont fermées, Moustique décide de prendre l'épée qui se trouve dehors, dans l'enclume, et la retire aisément...

Lorsque Moustique revient avec l'épée, Kay et les autres chevaliers n'en croient pas leurs yeux ! Tous se rendent près de l'enclume où Moustique replace l'épée. Kay essaie de la sortir, en vain. Alors, Moustique la retire de nouveau !

Les chevaliers, Kay et Hector acclament Moustique, ou plutôt Arthur :

« Longue vie au roi Arthur ! »

L'enfant est très surpris, car il n'a jamais imaginé être roi. C'est alors que Merlin réapparaît.

« Tu n'y peux rien, petit, c'est ton destin, mais je serai à tes côtés. Et dans des siècles et des siècles, on se souviendra encore du roi Arthur ! »

★ Histoire N°4 ★

Disney · PIXAR

Cars

Flash McQueen, le bolide rouge, est sûr de remporter la course de la Piston Cup.

Les adversaires à battre sont Le King, le vieux champion, et Chick Hicks, prêt à tout pour gagner. Très vite, Flash mène la course, mais il passe la ligne d'arrivée en même temps que ses deux rivaux.

Pour départager les trois vainqueurs, une nouvelle course aura lieu en Californie ! Flash veut arriver avant tous les autres, pour s'entraîner seul sur le circuit :

« Allons-y, même si tu es fatigué », dit-il à Mack, le camion qui le transporte.

Or Mack est épuisé et il s'endort. Soudain, sa remorque s'ouvre et Flash est projeté sur l'autoroute !

Flash essaie de rattraper Mack. Mais, comme il roule à toute vitesse, la police de Radiator Springs le prend en chasse et l'arrête. Flash a causé beaucoup de dégâts dans sa course folle ! Doc, le vieux juge, le condamne alors à réparer la route toute cabossée.

Alors qu'il goudronne la route **Flash se fait de nouveaux amis :** Luigi, Guido, Fillmore, Martin la dépanneuse et Sally, la voiture bleue. Flash travaille dur et, bientôt, la route est réparée, pour la plus grande joie des habitants !

Flash n'a plus envie de quitter Radiator Springs et ses habitants. Mais, le lendemain, Mack est là pour le conduire en Californie.

Le cœur gros, Flash fait ses adieux.

La finale a enfin lieu. Chick Hicks et Le King sont en tête. Flash les suit de près. Soudain il dérape ! Tout à coup, il aperçoit Martin, Luigi et Fillmore dans les gradins. Ses amis de Radiator Springs sont venus le soutenir !

Sous les encouragements de ses amis, Flash rattrape vite les deux champions. C'est alors que Chick Hicks éjecte Le King hors de la piste ! En voyant Le King accidenté, Flash fait marche arrière pour aller l'aider.

Chick gagne la course. Cependant, ce n'est pas lui que la foule acclame, mais Flash, qui franchit la ligne d'arrivée en poussant Le King. Aux yeux de tous, c'est lui le vrai champion ! Un célèbre sponsor lui propose même un contrat. Pourtant Flash refuse. Sa place est désormais à Radiator Springs, auprès de ses nouveaux amis et de la belle Sally !

Histoire N°5

Disney

101 DALMATIENS

Pongo et Perdita, deux dalmatiens amoureux, vivent chez Roger et Anita, leurs maîtres dévoués. Un jour, Perdita apprend à son compagnon qu'elle attend des bébés. Quelques mois plus tard, les petits dalmatiens s'apprêtent à naître. Anita, Roger et la gouvernante Nanny découvrent quinze bébés qui arrivent, les uns après les autres. Quelle merveilleuse portée !

Peu après, Cruella d'Enfer, une ancienne camarade de classe d'Anita, se rend chez Roger pour acheter les chiots.

« Ils ne sont pas à vendre ! » riposte Roger.

Les chiots grandissent vite. Un soir, leurs parents partent en promenade avec Roger et Anita. Nanny veille sur les bébés. Soudain, deux hommes s'introduisent dans la maison et s'emparent des chiots !

Quel triste retour de promenade pour Anita, Roger et leurs chiens. Mais Pongo a une idée :

« Lançons un S.O.S. ! »

Il aboie et son appel parvient aux oreilles de Colonel, le chien, de Capitaine, le cheval, et de Tibs, le chat.

« Quinze chiots enlevés ! s'indigne le Colonel. Depuis hier, il se passe des choses bizarres au château d'Enfer. Capitaine, tu attends Pongo ici et toi, Tibs, tu viens avec moi ! »

Le Colonel et Tibs se faufilent à l'intérieur du château et découvrent deux hommes avec non pas quinze, mais une centaine de chiots autour d'eux ! Ils ont enlevé tous les dalmatiens des alentours. L'horrible Cruella surgit dans la pièce :

« J'ai besoin de toutes leurs peaux pour mon nouveau manteau ! Au travail, fainéants ! »

Vite, Tibs doit agir ! Il fait évader les chiots en les faisant passer par un trou dans le mur...

Mais les deux gredins poursuivent les petits dalmatiens. Heureusement, le Capitaine arrive en renfort avec Pongo et Perdita. Les deux parents se déchaînent sur les ravisseurs. Après les retrouvailles avec leurs petits, Pongo et Perdita décident de prendre avec eux tous les chiots. Cependant, le voyage est épuisant, alors un labrador leur offre un abri.

Près de là, Cruella est dans sa voiture. Pongo ordonne aux chiots de se rouler dans la suie afin de se faire passer pour des labradors. Les chiots deviennent noirs et sortent derrière Pongo jusque dans un camion. Malheureusement, la neige fait disparaître la suie et Cruella comprend la ruse juste quand le camion démarre !

Cruella fonce à la poursuite du camion ! Mais elle roule si vite qu'elle et ses complices tombent dans un ravin !

De leur côté, les chiens sont soulagés de rentrer chez eux sains et saufs.

« Oh, mon Dieu, ils sont cent un ! s'exclame Roger.

– Qu'importe, on les garde tous ! » répond Anita en riant.

★ Histoire N°6 ★

Disney

DUMBO

Au cirque, Mme Jumbo découvre son merveilleux bébé que viennent de lui livrer les cigognes. Les autres éléphantes sont jalouses. Tout à coup, le petit secoue la tête, et voilà que se déploient deux immenses oreilles ! Les éléphantes éclatent de rire. Mme Jumbo les ignore et cajole son bébé :

« Personne ne te fera de mal, Dumbo, je te protégerai. »

Dumbo a de si grandes oreilles qu'il trébuche. Comme on se moque de lui, sa maman se met en colère, et le directeur du cirque la met au cachot.

Heureusement, la petite souris Timothée a une idée : il va faire de Dumbo une vedette afin que le directeur relâche sa maman ! Pour cela, Dumbo doit participer à la pyramide des éléphants. Mais il s'empêtre dans ses oreilles et entraîne les autres dans sa chute...

Devenu clown, Dumbo doit sauter d'une maison en flammes et tomber sur une toile tendue. Mais la toile craque et Dumbo atterrit dans un baquet d'eau savonneuse ! La souris le réconforte :

« Avec tes grandes oreilles, tu pourrais voler, j'en suis sûr. Les corbeaux t'aideront. »

Le lendemain, le chef des corbeaux donne à Dumbo une plume magique à tenir dans la trompe.

Dumbo agite ses oreilles et s'envole. Timothée avait raison ! De retour au cirque, Dumbo est en haut de la maison en flammes. L'éléphant s'élance, accroché à sa plume. Mais elle lui échappe ! Il s'affole tandis qu'il tombe dans le vide…

« Tu sais voler, crie Timothée. La plume était juste là pour te rassurer ! »

Alors Dumbo bat des oreilles et remonte.

C'est la revanche du petit éléphant humilié par tous : il ridiculise les éléphantes et le directeur, devant un public conquis. Puis il va retrouver sa maman. Enfin libre, elle assiste tous les soirs aux exploits de son fils.

★ Histoire N°7 ★

Disney

Aladdin

Dans le désert, Jafar, le grand vizir du sultan d'Agrabah, attend Gazeem, le voleur. Ce dernier lui apporte enfin la seconde moitié d'un scarabée d'or. Dès que les deux parties sont réunies, le scarabée s'envole. Puis il plonge dans le sable, et une gigantesque tête de tigre jaillit : la Caverne aux Merveilles !

« Gazeem, entre et rapporte-moi la lampe magique ! » ordonne Jafar.

Mais la terrible mâchoire se referme sur le voleur ! Car seul un être au cœur pur peut entrer dans la caverne...

Plus tard, dans le palais, le sultan se dispute avec sa fille Jasmine, qui refuse de marier :

« Père, j'épouserai l'homme que j'aimerai ! » proteste-t-elle.

Alors que Jafar hypnotise le sultan pour dérober sa bague, qui a le pouvoir de désigner les êtres au cœur pur, Jasmine s'enfuit.

Au marché d'Agrabah, la jeune princesse tombe sous le charme d'un voleur nommé Aladdin. Mais les gardes du palais s'emparent du jeune homme et de son singe Abu. En effet, Jafar a vu le visage d'Aladdin dans la bague. Et il est le seul à pouvoir pénétrer dans la caverne !

Dans son cachot, Aladdin songe à la princesse. Soudain, Jafar apparaît, déguisé en vieil homme :

« Si tu veux être libre et riche, tu dois aller dans la Caverne aux Merveilles et me rapporter une lampe. Ne touche à rien d'autre ! »

Aladdin accepte. Dans la caverne, un tapis volant l'aide à trouver la lampe. Mais le singe Abu s'empare d'un gros rubis et la caverne s'effondre !

Ils sont désormais prisonniers ! Machinalement, Aladdin frotte la lampe et une créature bleue s'en échappe :

« Je suis le Génie de la lampe et je peux réaliser trois de tes vœux ! »

Après que le Génie les a libérés, Aladdin prononce son premier vœu.

« Je voudrais être un prince ! »

Devenu le prince Ali, il se précipite au palais pour emmener Jasmine en balade sur le tapis volant.

Mais Jafar a démasqué le prince Ali et lui reprend la lampe. Le grand vizir demande alors au Génie d'être sultan, puis de devenir le sorcier le plus puissant du monde !

Pour le vaincre, Aladdin décide de ruser et le provoque :

« Jamais tu ne seras aussi puissant que le Génie de la lampe ! »

Jafar tombe dans le piège. Il prononce son troisième vœu et se transforme en Génie.

« Idiot, ricane Aladdin, tu es condamné à vivre dans la lampe, pour l'éternité ! »

Et Jafar est aspiré par la lampe.

Aladdin formule enfin son dernier vœu pour libérer le Génie. Quant au sultan, il accorde au courageux Aladdin la main de Jasmine, heureuse de se marier avec l'homme qu'elle aime !

★ Histoire N°8 ★

Disney · PIXAR

MONSTRES ACADEMY

Bob fréquente l'Université des Monstres, car, plus tard, il veut devenir Terreur d'Élite à l'usine de Monstres et Compagnie. Il est l'opposé de Sulli, qui manque de sérieux. Un jour, alors qu'ils se disputent, Bob et Sulli brisent la bonbonne à cris de la directrice. Résultat, ils sont renvoyés du cours de Terreur !

Heureusement, Bob a un plan : participer aux Jeux de la Peur et prouver ainsi qu'ils méritent de revenir en classe.

Pour s'inscrire au concours, Bob et Sulli rejoignent le Club des OK, une bande de monstres pas très effrayants...

Pour la première manche, les concurrents doivent parcourir les égouts en évitant des oursins venimeux. Les OK sont derniers et donc éliminés... Mais comme une équipe a triché, ils sont finalement qualifiés !

Le but de la deuxième épreuve est de rapporter le fanion de son équipe, caché dans la bibliothèque. Les membres du Club des OK y parviennent sans trop de difficultés et passent à la troisième épreuve, qui consiste à traverser un labyrinthe. Les OK se qualifient également !

Pour la quatrième épreuve, les monstres doivent se cacher dans le noir. Youpi ! Les OK sont encore vainqueurs. Ils vont affronter l'équipe des ROR en finale. L'épreuve se passe dans un simulateur de cris : il faut faire hurler le plus fort possible un robot-test. Bob pense alors à toutes les humiliations qu'il a subies et son cri retentit avec force !

Les OK remportent les Jeux de la Peur !

Cependant, Bob découvre que Sulli a trafiqué le robot-test pour les faire gagner. Désolé, Sulli avoue sa tricherie à la directrice. Pendant ce temps, Bob s'introduit dans le labo testeur de portes, qui permettent de pénétrer chez les humains. Il veut prouver qu'il est un monstre terrifiant et que son cri peut faire très peur. Il franchit la porte et se retrouve dans un dortoir d'enfants, qui se mettent à rire en le voyant…

Se sentant coupable, Sulli passe la porte à son tour et retrouve Bob. Mais des gardes forestiers les poursuivent et ils ne peuvent plus quitter le dortoir, car la directrice a verrouillé la porte ! Alors, Bob demande à Sulli de pousser son formidable rugissement. Les gardes hurlent si fort que la porte s'ouvre et que toutes les bonbonnes à cris de l'université éclatent.

La directrice est vraiment très impressionnée, mais elle renvoie Bob et Sulli. Ils ont causé bien trop de dégâts. Qu'à cela ne tienne, Bob a un nouveau plan : se faire engager au service du courrier de Monstres et Compagnie, puis monter en grade jusqu'à devenir une Terreur d'Élite !

Car si Bob n'effraie personne… rien ne le décourage jamais !

Histoire N°9

Disney

LE LIVRE DE LA JUNGLE

Bagheera, la panthère noire, a trouvé un petit d'homme. Elle l'apporte à père et mère louve, qui sont des parents aimants.

Le petit d'homme a grandi. Mère louve l'a appelé Mowgli. Mais il n'est plus en sécurité dans la jungle : le tigre Shere Khan veut le tuer. C'est pourquoi le chef des loups ordonne à Bagheera d'accompagner Mowgli au village des hommes, là où est sa place.

Mowgli quitte les loups à contrecœur. Avec Bagheera, ils marchent longtemps et, le soir, ils grimpent dans un arbre pour y passer la nuit. Épuisé, Mowgli s'endort. Quand il rouvre les yeux, Kaa, le python l'enserre dans ses anneaux. Mais Bagheera bondit sur Kaa et, d'un coup de patte, l'envoie dans les airs. Puis la panthère se rendort.

Le matin, Mowgli fausse compagnie à la panthère et tombe sur Baloo, l'ours insouciant :

« Viens, petit. On va se goinfrer de figues et de miel !

– Laisse donc cet enfant ! s'interpose Bagheera.

– Hors de question, répond Mowgli, je reste avec l'ours ! »

Le petit garçon s'amuse beaucoup avec Baloo. Soudain, des singes capturent Mowgli et l'emmènent dans leur palais. Heureusement, Baloo vient le libérer. Tandis que Bagheera et Baloo se disputent encore, Mowgli s'enfuit à nouveau. Tout à coup, Shere Khan surgit devant lui.

À cet instant, la foudre frappe une branche, qui s'enflamme. L'enfant s'en saisit et l'agite devant lui : seul le feu fait trembler le tigre ! Épouvanté, Shere Khan bat en retraite.

Baloo et Bagheera sont fiers de Mowgli. Ils l'accompagnent au village des hommes. Mowgli aperçoit au loin une petite fille. Fasciné, il la suit.

« Bonne chance parmi les tiens, petit d'homme », murmure alors Bagheera.

★ Histoire N° 10 ★

DISNEY PRÉSENTE UN FILM PIXAR

LES INDESTRUCTIBLES

M. Indestructible est un super-héros à la force considérable. Alors qu'il vient d'intercepter un voleur sur le toit d'un immeuble de Métroville, Elastigirl assomme le malfaiteur de son poing élastique ! Ils tombent alors amoureux, se marient et s'appellent à présent Bob et Hélène Parr. En effet, les super-héros n'ont désormais plus le droit d'utiliser leurs pouvoirs.

La famille Indestructible s'est agrandie. Violette, la fille aînée, peut créer un champ de protection autour d'elle. Son frère, Flèche, est rapide comme l'éclair. Mais ils se disputent sans cesse ! Souvent, Hélène doit redevenir Elastigirl pour en venir à bout. Seul Jack-Jack, le bébé, semble n'avoir aucun pouvoir.

Bob n'en peut plus de cette vie normale et de devoir cacher sa vraie nature. Alors, quand il est contacté pour une mission secrète, il accepte avec joie ! M. Indestructible doit vaincre un robot appelé l'Omnidroïde. Il réussit sa mission haut la main, et on lui en promet d'autres !

Bob doit à présent affronter un autre Omnidroïde, fabriqué par le vilain Syndrome ! M. Indestructible découvre que Syndrome projette de lancer l'Omnidroïde sur Métroville. M. Indestructible doit absolument empêcher cela !

Mais trop tard, il est capturé...

Avertie que son mari a repris ses activités de super-héros, Hélène s'envole avec Violette et Flèche pour lui venir en aide. À peine la famille est-elle réunie que Syndrome surgit et les piège avec un rayon paralysant. Violette se sert alors de son champ de protection afin de libérer sa famille.

À Métroville, l'Omnidroïde sème la terreur. Il échappe même au contrôle de Syndrome ! Les Indestructibles interviennent à temps et détruisent le robot. Hélas, Syndrome a profité de la confusion pour enlever Jack-Jack, qui révèle enfin ses pouvoirs. Le bébé se change en monstre. Effrayé, Syndrome le lâche dans le vide.

Heureusement, Hélène le rattrape à temps ! Quant à Bob, il lance une voiture sur l'avion de Syndrome, qui explose.

La vie peut enfin reprendre son cours pour la famille Parr. Toutefois, le monde aura encore besoin des super-héros, et ils peuvent désormais utiliser leurs pouvoirs.

★ Histoire N°11 ★

Disney

Robin des Bois

Depuis que le Roi Richard est parti pour les croisades, l'Angleterre est gouvernée par le tyrannique Prince Jean.

Par un beau matin d'été, Robin des Bois et Petit Jean se déguisent en diseuses de bonne aventure et arrêtent le carrosse du Prince Jean pour le piéger. Captivé par leurs prédictions, ce dernier ne se rend pas compte que les deux amis s'enfuient avec son or !

Le Prince Jean est furieux. Il ordonne au cruel shérif de Nottingham d'aller récupérer son or.

Non loin de là, un mendiant frappe chez Mme Lapin pour demander la charité.

« Le shérif nous a tout pris, gémit-elle.

– Alors prenez donc ceci ! dit le mendiant en tendant un sac d'or.

– Robin des Bois ! » s'exclament les enfants réjouis.

Pendant ce temps, Belle Marianne s'inquiète pour Robin des Bois. Le Prince Jean la retient prisonnière dans l'espoir que son bien-aimé viendra la libérer.

Dans la forêt, Petit Jean annonce une grande nouvelle :

« Le Prince Jean organise un tournoi de tir à l'arc. Le vainqueur recevra un baiser de Belle Marianne ! »

Le jour du tournoi, une cigogne inconnue prend place près du shérif. Aucun des concurrents ne semble très doué, sauf le shérif, qui vise le centre de la cible.

Vient le tour de la cigogne. Elle tire, et sa flèche se plante à la place de celle du shérif ! Le vainqueur doit recevoir sa récompense. Mais soupçonneux, le Prince Jean déchire l'habit de la cigogne.

Robin est démasqué !

Les amis de Robin volent à son secours. Profitant de la confusion, Robin enlève Belle Marianne. Décidé à se venger, le Prince Jean envoie alors le shérif chez Frère Tuck, l'un des plus proches amis de Robin, et le fait jeter au cachot.

Pendant la nuit, Robin se rend au château du Prince Jean. Dans sa chambre, le Prince ronfle bruyamment. Robin jette des sacs d'or appartenant au Prince par la fenêtre.

« Au voleur ! » s'écrie le Prince réveillé en sursaut.

Les gardes s'élancent derrière Robin. Dans la cour, Petit Jean et les prisonniers, qu'il a libérés, s'enfuient avec les sacs d'or qu'ils ont récupérés.

Talonné par les gardes, Robin se retrouve au sommet du donjon. Le shérif le menace avec une torche. Robin l'esquive. Mais la torche tombe et enflamme le château ! Robin plonge alors dans les douves et nage vers la rive.

Le lendemain on annonce le retour du Roi Richard ! Le souverain rétablit la justice, et le Prince Jean et le shérif sont envoyés au bagne. Quant à Robin et Belle Marianne, ils sont enfin réunis !

Histoire N°12

Disney · PIXAR

TOY STORY

Aujourd'hui, c'est l'anniversaire d'Andy, et Woody le cow-boy a peur de ne plus être son jouet préféré. Pour l'instant, c'est le soulagement parmi les jouets. Mais il reste encore un paquet à ouvrir… Andy et ses amis débarquent soudain dans la chambre avec le nouveau jouet.

« Je suis Buzz l'Éclair, le Ranger de l'Espace, et je sais voler ! » déclare-t-il.

Tous les jouets en sont muets d'admiration, sauf Woody. En un rien de temps, Buzz est devenu le héros de tous. Woody ne comprend pas pourquoi il est délaissé : le cosmonaute n'est qu'un idiot prétentieux qui ne sait même pas qu'il est un jouet !

Un soir, la maman d'Andy propose d'aller dîner à Pizza Planète pour parler de leur déménagement qui approche. Afin d'être le jouet choisi pour la sortie, Woody a un plan. Il compte faire tomber Buzz derrière le bureau, pour qu'Andy ne le trouve pas. Mais au lieu de ça, il le projette par la fenêtre ! Tandis que Woody est emmené par Andy, les autres jouets sont inquiets pour Buzz.

Cependant, Buzz parvient à rejoindre Andy et Woody dans la voiture. Woody est soulagé, mais Buzz est très en colère !

Une fois au restaurant, le cosmonaute entre dans une machine qu'il prend pour un vaisseau spatial. À l'intérieur, des pinces sont actionnées pour saisir des jouets. Buzz est alors soulevé par une pince. Woody essaie de le retenir en l'agrippant par les pieds, en vain. Ils sont attrapés par Sid, le méchant voisin d'Andy qui torture ses jouets...

Chez Sid, Buzz découvre dans une publicité qu'il est un jouet qui ne vole pas ! Buzz n'en croit pas ses oreilles. Pour en avoir le cœur net, il se jette du haut de l'escalier… et retombe sur le sol. Son bras s'est cassé ! Heureusement, les jouets de Sid viennent réparer le cosmonaute.

Le lendemain, Sid attache une fusée sur le dos de Buzz pour le faire exploser. Woody persuade alors les jouets de Sid de se révolter. L'horrible petit garçon se retrouve encerclé par les jouets qu'il a cassés. Il hurle de terreur.

« Arrête de torturer tes jouets, sinon nous le saurons ! » s'écrie alors Woody.

Buzz est sauvé et les jouets ont gagné !

Vite ! Le camion de déménagement de la famille d'Andy s'éloigne déjà. Woody a une idée : Buzz est encore attaché à la fusée. Woody l'allume, et ils s'envolent. Puis Buzz ouvre ses ailes d'un coup sec :

« Tu voles ! s'exclame Woody.

– Je ne vole pas, réplique Buzz, je tombe avec élégance. »

Et tous deux atterrissent dans la voiture auprès de leurs amis !

★Histoire N°13★

Disney

Bambi

En ce matin de printemps, le calme de la forêt est soudain troublé par Pan-Pan, le petit lapin :

« Le petit prince est né ! »

Les animaux de la forêt se précipitent pour admirer le faon nouveau-né. Blotti contre les flancs de sa maman, il vient de se réveiller :

« Je vous présente Bambi », murmure la biche avec douceur.

Bambi grandit. Il découvre la forêt et la mare où, étonné, il observe son reflet. Il fait aussi la connaissance de Féline, une jolie biche ! Sa mère lui parle de son père, le cerf roi de la forêt. Plus tard, Bambi sera roi à son tour.

Un matin d'hiver, Bambi découvre la neige. Alors, au côté de son meilleur ami Pan-Pan, il glisse avec émerveillement sur la mare gelée !

Mais un jour, Bambi perd sa mère dans une tempête de neige. Le petit faon est terrifié. Soudain, son père survient et lui annonce que sa mère a été tuée par les chasseurs. Désormais, c'est lui qui prendra soin de son fils.

Bambi est devenu un jeune cerf. Aujourd'hui, il est surpris par une jolie biche qui lui donne un grand coup de langue sur la joue ! Bambi reconnaît alors Féline.

Mais un jeune cerf, jaloux, se précipite sur Bambi, qui riposte et charge à son tour. Il n'a pas peur et il combat pour l'amour de Féline. Finalement, il remporte la victoire. Féline est conquise.

Malheureusement, par un matin d'automne, leur bonheur est menacé. Bambi aperçoit de la fumée qui monte de la vallée. Son père vient l'avertir : le feu de camp des chasseurs a mis le feu à la forêt !

En effet, un incendie se propage. Bambi s'enfuit, mais il tombe. Son père l'aide à se relever. Avec courage, ils rejoignent Féline et leurs amis de la forêt, qui se sont mis à l'abri.

Bientôt, l'incendie n'est plus qu'un mauvais souvenir. La vie a repris son cours. Bambi est devenu le nouveau roi de la forêt.

Et il est à présent le père de deux adorables faons !

★ Histoire N°14 ★

Disney · PIXAR

Cars 2

Finn, l'espion britannique, s'infiltre sur une plate-forme pétrolière. Il cherche à en savoir plus sur l'opération secrète du Professeur Z...

Au même moment, les habitants de Radiator Springs regardent la télévision. En effet, Miles Axlerod organise un Grand Prix pour tester son nouveau biocarburant, l'Allinol. Voilà un nouveau défi pour Flash !

En arrivant au Japon pour la première étape de la course, Flash et Martin assistent à une réception donnée par Axlerod. Finn et sa collègue Holley sont également présents, pour y rencontrer un certain agent Torque. Ce dernier doit les aider à faire échouer l'opération du Professeur Z.

Mais Holley prend Martin pour l'agent Torque et lui donne rendez-vous le lendemain lors de la première course. De son côté, Martin croit qu'il s'agit d'un rendez-vous amoureux...

Pendant la première course, Flash prend vite la tête. Tout à coup, un moteur de voiture explose ! Flash est déconcentré. C'est alors qu'il voit Martin s'éloigner pour rejoindre Holley ! Déstabilisé, il perd la course et pense que Martin l'a abandonné...

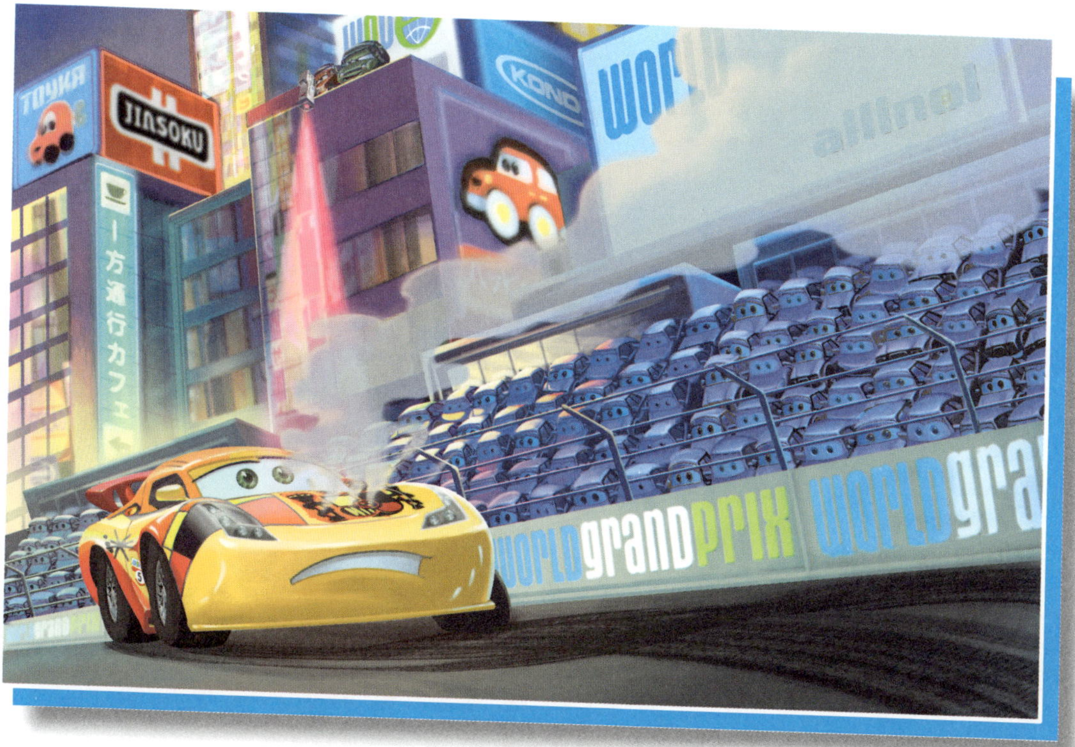

Non loin, Finn et Holley ne laissent pas le temps à Martin de se présenter et l'informent qu'il doit infiltrer une réunion du Professeur Z, prévue en Italie. C'est justement là qu'a lieu la deuxième étape du Grand Prix.

Martin est ravi de pouvoir aider Finn et Holley ! Sous son déguisement, il assiste à la réunion et découvre que le chef du Professeur Z et ses sbires possèdent des réserves de pétrole. Pour que tout le monde rachète du pétrole, ils veulent faire croire que l'Allinol est dangereux, en faisant exploser le moteur de ceux qui utilisent ce carburant.

Au même moment, lors de la deuxième course, des moteurs explosent de nouveau. Axlerod annonce que la dernière compétition se fera donc sans son carburant. Flash refuse cependant d'abandonner l'Allinol. Le mystérieux chef du Professeur Z ordonne alors de l'éliminer !

Mais pas le temps pour Finn, Holley et Martin d'enquêter davantage : ils sont enlevés par les complices du Professeur Z. Ils se retrouvent tous les trois ligotés dans la grande horloge de Londres. Heureusement, ils parviennent à se libérer, et Martin file prévenir Flash qu'il est en danger.

En chemin, Martin découvre que les bandits ont caché une bombe sur lui, et que seul le chef du Professeur Z peut la désactiver. Martin comprend enfin qui contrôle l'opération et dirige le Professeur Z ! Ni une ni deux, il s'envole avec Flash pour le palais de Buckingham. Là-bas, il accuse Axlerod d'être le mystérieux chef et de saboter son propre carburant ! Vaincu, Axlerod désactive la bombe et Flash et Martin sont félicités par la reine.

★Histoire N°15★

Disney

Peter Pan

Ce soir, M. et Mme Darling sortent au théâtre. Jean et Michel sont gardés par Wendy, leur sœur aînée. Accoudée à la fenêtre, elle espère la visite de Peter Pan, cet enfant éternel qui vit dans le Pays Imaginaire. Wendy a eu raison d'attendre : Peter Pan en personne apparaît, accompagné de Clochette, la petite fée secrètement amoureuse de lui.

Grâce à la poudre de fée, les enfants s'envolent vers le Pays Imaginaire. Mais, en arrivant, ils sont bombardés par le capitaine Crochet. Vite, Peter demande à Clochette d'emmener les enfants à l'abri, à l'Arbre du Pendu. Jalouse que Peter ne s'intéresse pas à elle, Clochette ordonne aux Garçons Perdus de leur jeter des pierres ! Furieux, Peter se fâche contre Clochette.

Alors qu'elle s'éloigne, la fée est enlevée par le capitaine Crochet. Il lui promet de la débarrasser de Wendy si elle lui indique le repaire secret de Peter. Mais c'est un piège : Crochet met une bombe dans un paquet et l'envoie à Peter, dans son repaire. Heureusement, Clochette arrive à temps. Elle tente d'arracher le paquet des mains de Peter, mais trop tard... la bombe explose !

« Peter Pan est mort ! triomphe Crochet. Et tous ses amis vont devenir des pirates. »

Mais Wendy préfère sauter du bateau que de devenir pirate ! Elle monte sur la planche, s'élance dans le vide... avant d'atterrir dans les bras de Peter !

Il a échappé à l'explosion ! Peter affronte le terrible capitaine Crochet, qui recule... avant de tomber à l'eau, où l'attend le crocodile. Victoire !

L'heure est à la fête, mais il est déjà temps pour Wendy et ses frères de quitter le Pays Imaginaire. Grâce à la poudre de fée de Clochette, les enfants Darling s'envolent pour Londres à bord du bateau. Leurs parents viennent de rentrer. Avec Wendy, ils se mettent à la fenêtre et regardent le bateau disparaître.

« Adieu, Peter, je ne t'oublierai jamais », murmure Wendy.

★Histoire N°16★

Disney

Bernard et Bianca

Dans le sous-sol de l'immeuble de l'ONU se tient S.O.S. Société. C'est une assemblée de souris du monde entier qui a pour mission de secourir toute personne en danger. Bernard, le concierge, escalade le goulot d'une bouteille trouvée dans le port de New York, avec un message. Il se glisse à l'intérieur de la bouteille et ressort avec le mystérieux papier…

Bianca, une ravissante souris blanche, déchiffre le message :

« Orphelinat Clair Matin – Au secours – Aidez-moi – Signé – Penny ».

Bianca et Bernard se portent volontaires pour cette mission et se rendent à l'orphelinat. Là-bas, un vieux chat leur parle de Penny : elle a disparu, et la seule personne qui lui rendait visite était Médusa, une horrible dame qui habite le quartier.

Voilà une piste pour les souris ! Elles se glissent chez Médusa. Au téléphone, ils l'entendent se plaindre de Penny auprès d'un homme nommé Snoops. Bingo ! La fillette a donc bien été enlevée par Médusa !

L'abominable femme décide de se rendre dans le bayou. C'est sûrement là qu'elle doit garder Penny prisonnière. Bernard et Bianca la suivent, sur le dos d'Orville, un albatros.

Dans le Bayou, Médusa est furieuse. Penny s'est enfuie ! La mégère lance ses deux alligators, Néron et Brutus, à sa poursuite, et la fillette est ramenée sans ménagement. Après avoir atterri dans le marais, Bernard et Bianca naviguent avec Evinrude, une libellule qui sert de bateau à moteur. Ils aperçoivent la pauvre Penny et la suivent jusqu'à l'épave d'un bateau.

Parvenus jusqu'au repaire de Médusa, Bernard et Bianca l'entendent hurler :

« Penny, tu redescendras dans ce puits pour me rapporter le diamant, l'Œil du Diable ! »

Alors que Penny la supplie de la ramener à l'orphelinat, les deux petites souris viennent la consoler.

« Ne t'en fais pas, nous allons t'aider ! » la rassure Bianca.

Le lendemain, Médusa fait descendre Penny dans le puits. Mais cette fois-ci, elle peut compter sur les souris ! Bernard trouve l'Œil du Diable dans un trou et le donne à Penny. Quand Penny remonte, Médusa lui arrache la pierre. Comme Snoops veut aussi sa part, il se dispute avec la vilaine femme !

Vite, Penny et les souris en profitent pour récupérer le diamant et s'enfuir !

Envinrude et les animaux du marais n'en ont pas fini avec les gredins ! Ils se précipitent sur eux et font exploser leur bateau.

Un peu plus tard, Bernard et Bianca regagnent New York. S.O.S. Société est très fière de ses deux représentants. Le diamant a été placé au musée et Penny a été confiée à des parents aimants.

★Histoire N°17★

Disney

PLANES

Dusty est un petit avion qui déverse de l'engrais sur les champs. Mais il rêve de devenir un champion ! Il voudrait participer au Grand Rallye du Tour du Ciel. Chug, le camion-citerne, aide son ami à s'entraîner, mais cela ne suffit pas à faire de Dusty un avion de course...

Dusty se présente malgré tout aux épreuves de qualification pour le Grand Rallye du Tour du Ciel. Tous se moquent de lui. Pourtant, le petit avion réalise une course magnifique et il se qualifie. Désormais, l'entraîneur de Dusty sera Skipper, un vétéran de la guerre un peu ronchon. Dusty a le vertige et ne parvient pas à voler très haut. Il va cependant de plus en plus vite !

Il est temps pour Dusty de se rendre au départ de la course. Pour la première étape, Dusty est pris dans un orage et il se retrouve bien loin des autres participants. Soudain, il reçoit un appel de détresse de Bulldog, le champion anglais. Dusty vole à son secours. Il a peut-être perdu cette étape, mais il est devenu un héros dans le monde entier !

Ensuite, les concurrents doivent traverser le Pacifique. Pendant la course, le jaloux Ripslinger brise l'antenne radar de Dusty. Ce dernier est désorienté. Heureusement, deux avions militaires l'aident à se réparer. Puis Dusty doit affronter une terrible tempête ! Comme il est incapable de prendre de l'altitude, une vague géante s'abat sur lui. Par chance, un hélicoptère le repêche.

Dusty est en trop mauvais état pour continuer la course. Alors que tout semble perdu, les autres concurrents lui apportent des pièces détachées. Grâce à eux, Dusty est remis à neuf et est à nouveau dans la course. Pour l'étape finale, Dusty suit les conseils de Skipper et vole de plus en plus haut ! Il accélère encore et… franchit le premier la ligne d'arrivée ! Quelle belle revanche pour le petit avion de ferme !

★Histoire N°18★

La Belle et LE CLOCHARD

Le jour de Noël, Jim offre à sa femme Darling une petite chienne nommée Lady. Lady grandit et mène une vie confortable. D'un naturel généreux, Lady accueille avec joie avec le nouveau-né de Jim et Darling. Lady a aussi des amis : il y a Jock, le terrier écossais, et César, le vieux chien de chasse. Protecteur, celui-ci met Lady en garde contre les chiens des rues.

Un matin, Jim et Darling s'en vont en voyage. Tante Sarah vient garder le bébé et la maison. Mais elle est accompagnée de deux chats siamois démoniaques qui commettent les pires bêtises pour faire punir Lady. Tante Sarah prend le parti de ses minets chéris et met une muselière à la pauvre Lady !

Humiliée, Lady s'enfuit dehors. Mais elle est prise en chasse par une bande de chiens des rues ! C'est alors qu'un autre chien surgit et met la meute furieuse en fuite.

« Salut ma belle, je m'appelle Clochard.

– Merci, vous m'avez sauvée », murmure Lady, qui trouve ce chien sans collier plutôt sympathique...

Clochard conduit Lady au zoo, où un habile castor ronge sa muselière. Et pour fêter sa liberté retrouvée, il l'invite à dîner chez Tony. Là, les yeux dans les yeux, Clochard et Lady savourent leurs spaghettis en écoutant Tony jouer la sérénade. Charmée, Lady suivrait Clochard jusqu'au bout du monde !

Le lendemain, Clochard l'entraîne dans un poulailler pour effrayer les poules. Lorsque le fermier surgit, Clochard s'enfuit et Lady tente de le suivre. Malheureusement, elle n'est pas assez rapide : elle se retrouve prisonnière de la fourrière.

Au matin, Tante Sarah vient la chercher et l'enchaîne à sa niche. Clochard lui rend visite, mais Lady ne veut plus le voir. Elle lui en veut de l'avoir abandonnée !

La nuit suivante, Lady surprend un rat qui entre dans la chambre du bébé ! Elle aboie et tire sur sa chaîne. Alerté, Clochard se précipite dans la maison. Il parvient à faire disparaître le rat, mais Tante Sarah l'a aperçu. Ni une ni deux, elle appelle la fourrière qui s'empare de Clochard.

Au même moment, Jim et Darling rentrent de voyage. Lady leur montre le rat mort, et Jim réalise alors l'injustice dont Clochard a été victime.

De leur côté, Jock et César, qui ont assisté à la scène, poursuivent la voiture de la fourrière. César fonce devant l'attelage et le fourgon se renverse.

Jim récupère Clochard à temps.

Un an plus tard, tous sont réunis au pied du sapin. Le Clochard et Lady sont désormais les parents de quatre chiots !

★ Histoire N°19 ★

Disney · PIXAR

TOY STORY 2

Cet été, Woody accompagnera Andy au camp de vacances. Mais, avant le départ, le bras du cow-boy se déchire ! Pour penser à le recoudre, la maman d'Andy dépose Woody à côté de Siffli, le pingouin qui ne siffle plus. Dès qu'elle est sortie, le cow-boy se précipite à la fenêtre. Dans le jardin, une pancarte annonce un vide-greniers. La maman d'Andy voudrait-elle se débarrasser des vieux jouets ?

En effet, la maman d'Andy met Siffli dans un carton et le dépose dans la rue. Woody parvient à le sauver à temps, mais, soudain, une main l'empoigne !

Emmené dans un endroit inconnu, Woody fait la connaissance de Jessie la cavalière, de Pile-Poil le cheval et de Papi Pépite, le chercheur d'or. Jessie lui explique qu'ils font tous partie d'une collection de jouets tirée d'une série télévisée.

Pendant ce temps, Buzz découvre que le voleur s'appelle Al et qu'il tient un magasin de jouets. M. Patate, Rex, Zigzag et Buzz parviennent à la boutique. Là, ils tombent sur un rayon entier d'Ultra Buzz, la dernière version du jouet « Buzz l'Éclair ». L'un d'eux traite Buzz de déserteur et l'enferme dans une boîte. Les autres jouets ne remarquent même pas que l'Ultra Buzz se fait passer pour leur ami.

Les jouets retrouvent enfin Woody, dont le bras a été réparé par Al. De son côté, Buzz s'est libéré et a chassé l'Ultra Buzz qui avait pris sa place. À présent, ils peuvent tous repartir, mais Papi Pépite refuse :

« Woody, Al nous a vendus à un musée au Japon qui veut toute la collection. Si tu nous abandonnes, jamais je ne quitterai le magasin de Al ! »

Entre-temps, Al surgit et met Woody et les jouets de la série dans une valise, direction l'aéroport ! Buzz et les autres n'abandonnent pas leur ami. Buzz vole un camion pour suivre la voiture d'Al jusqu'à l'aéroport. Al a déjà fait enregistrer ses bagages. Woody, Jessie et Pile-Poil sont désormais sur le tapis roulant au milieu de centaines de bagages !

Buzz vole à leur secours et ouvre la valise. Woody et le petit cheval réussissent à s'échapper. Mais Jessie est emportée sur un chariot qui est chargé dans la soute de l'avion ! Comme dans la série télévisée, Woody saute alors sur son cheval. Il réussit à monter sur le chariot, puis il se faufile dans la soute de l'avion pour retrouver Jessie. Tout à coup, la soute se referme !

Woody décide d'ouvrir la trappe. Sur le tarmac, Buzz, à cheval sur Pile-Poil, galope derrière les roues de l'avion. Woody accroche un lasso à un boulon. Tout en serrant Jessie dans ses bras, il saute et retombe sur le cheval. Ils peuvent maintenant rentrer à la maison.

À son retour de vacances, Andy est ravi : il a récupéré ses jouets adorés avec de nouveaux compagnons : Jessie et Pile-Poil !

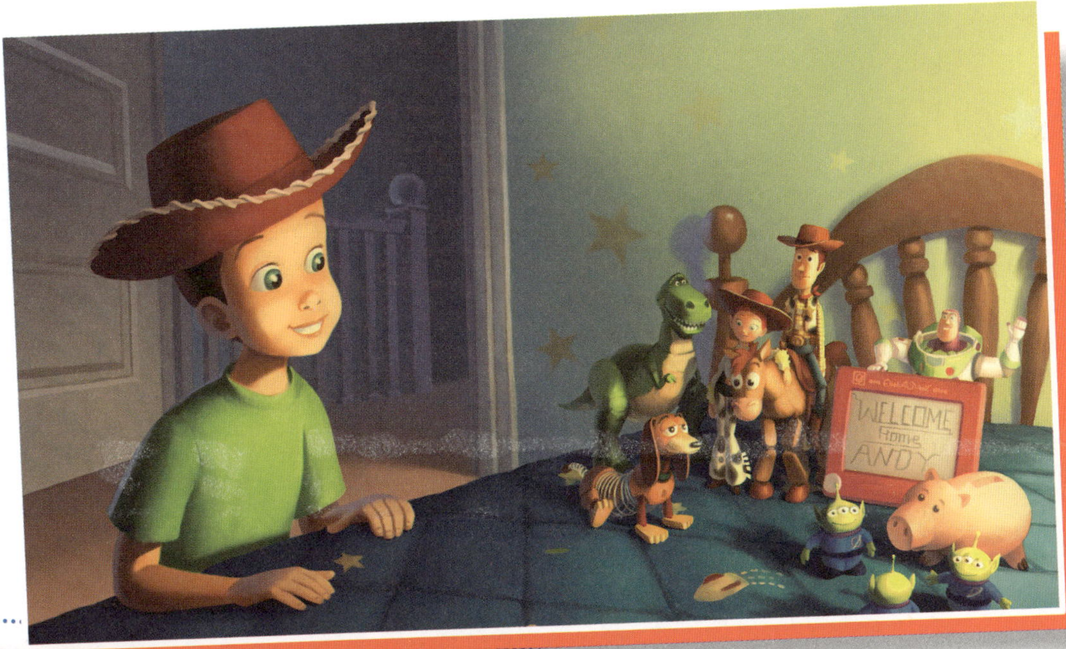

★Histoire N°20★

Disney

Les Aristochats

À Paris, Mme de Bonnefamille est folle de ses chats : la distinguée Duchesse et ses trois petits, Toulouse, Berlioz et Marie. Mais Edgar, son majordome, les déteste. Il est fou de rage quand il apprend que Mme de Bonnefamille veut leur léguer sa fortune ! Déterminé à mettre la main sur l'héritage, il endort Duchesse et sa famille avec un somnifère.

Edgar fourre les chats dans un panier. Puis il part en pleine campagne et dépose le panier :

« Adieu, les Aristochats, profitez bien du voyage ! » lance-t-il avec méchanceté.

Le matin, Duchesse ne reconnaît plus rien autour d'elle. Et qui est ce gros matou roux qui s'approche en roulant des épaules ?

« Je m'appelle O'Malley, princesse ! »

Duchesse est sous le charme.

Elle se présente avec ses petits. Également séduit, O'Malley propose de les raccompagner chez eux.

Après une longue route, les chats arrivent enfin à Paris. O'Malley conduit Duchesse et les chatons sur les toits. À travers une lucarne, ils découvrent les Scat Cats, un orchestre de jazz !

Duchesse et ses chatons font la fête toute la nuit. La chatte blanche et O'Malley aimeraient ne plus se quitter...

Le lendemain, O'Malley reconduit les chats chez Mme de Bonnefamille.

« C'est impossible ! » s'exclame Edgar en leur ouvrant la porte.

Il les met dans un sac, puis les emprisonne dans une malle ! Mais Roquefort, leur ami souriceau, a tout vu. Il file raconter la scène à O'Malley, qui l'envoie chez les Scat Cats.

Avertis par le souriceau, les Scat Cats foncent à la rescousse de Duchesse et des chatons ! Avec O'Malley, ils libèrent Duchesse et ses petits. Ensuite, ils enferment l'affreux Edgar dans la malle et l'expédient à Tombouctou.

Mme de Bonnefamille retrouve avec soulagement ses chats chéris. Elle adopte même O'Malley et tout se termine par une grande fête !

Histoire N°21

Disney·PIXAR

MONSTRES & Cie

Sulli est la Terreur d'Élite n° 1 de Monstres et Compagnie ! L'entreprise recueille les cris d'enfants effrayés par les montres, pour générer l'énergie de Monstropolis. Sulli travaille avec son ami Bob, qui l'aide à s'entraîner, tandis que le sournois Léon convoite sa place de n° 1.

Dans la salle de Terreur, les monstres pénètrent par des portes dans les chambres des enfants et leur font peur.

La journée de travail terminée, Bob sort avec Célia, la secrétaire, pendant que Sulli s'occupe des dossiers. Mais, dans la salle de travail, Sulli tombe sur une porte non rangée dans laquelle se trouve une toute petite fille !

Sulli la repousse, or la fillette s'est prise d'affection pour lui. Perdu, Sulli la cache dans un sac et va retrouver Bob. Mais elle s'échappe et sème la panique dans la ville ! Finalement, les deux amis la ramènent chez eux. À la vue de Bob, la fillette éclate d'un rire si sonore que toutes les ampoules explosent ! Sulli décide alors de la surnommer « Bouh ».

Le lendemain, Bob et Sulli retournent à l'usine avec Bouh, qu'ils ont déguisée. Dans les toilettes, ils surprennent une conversation : Léon cherche un enfant pour tester une machine à extraire les cris... Soudain, Bouh se sauve ! Sulli se lance à sa poursuite.

Léon a assisté à la scène : il assure à Bob qu'il sait comment renvoyer Bouh chez elle. Léon piège alors le pauvre Bob dans la salle de Terreur et l'attache sur sa machine à cris ! De son côté, Sulli retrouve enfin Bouh, et tous deux suivent le traître jusqu'à un labo secret.

Sulli délivre Bob. Puis ils foncent chez le directeur de l'usine, pour l'avertir des manigances de Léon. Malheureusement, le directeur leur arrache Bouh et les pousse par une porte activée sur le monde des humains. Le directeur est en réalité le complice de Léon ! Heureusement, Bob et Sulli parviennent rapidement jusqu'à une porte qui les ramène dans l'usine.

Ils arrivent à temps : Léon est sur le point de tester sa machine à cris sur Bouh. Sulli et Bob libèrent l'enfant et s'enfuient dans la salle des portes. Bob fait rire Bouh pour activer les portes, et ils expédient Léon chez les humains. Quant au directeur, il est arrêté, et la fillette retrouve enfin son foyer. Nommé directeur, Sulli a instauré de nouvelles règles ! Désormais, les monstres amusent les enfants et récoltent leurs éclats de rire !

★Histoire N°22★

Disney

Rox et Rouky

La Veuve Tartine a recueilli un renardeau orphelin qu'elle appelle Rox. Pendant ce temps, dans une ferme voisine, le chasseur Amos Slade ramène Rouky, un petit chiot. Chef, le vieux chien de chasse, est chargé de le former.

Un jour, Rouky rencontre Rox et c'est le début d'une belle amitié.

Mais un matin, Rouky ne vient pas jouer. Il est attaché. Rox demande à Chef de le libérer, mais le vieux chien le poursuit en montrant les crocs. Rox comprend alors qu'il est un gibier pour eux, car Amos Slade chasse les renards pour vendre leur fourrure. Désormais, Rox décide de ne plus s'aventurer dans les bois.

Chef commence le dressage de Rouky : il lui apprend notamment à pister les renards. Au printemps, Rouky est devenu un chien de chasse. Rox aussi est devenu adulte. Mais Rouky lui manque.

Une nuit, il se rend jusqu'à la ferme d'Amos :

« Va-t'en, lui dit Rouky. Je suis un chien de chasse et toi, tu es un renard ! »

Réveillés, Chef et Amos Slade se lancent à la poursuite de Rox, qui se sauve.

Soudain, Rouky bondit à côté du renard, puis s'éloigne pour attirer Amos Slade sur une fausse piste. Rox comprend que Rouky cherche à le protéger. Il part vers le pont du chemin de fer. Mais Chef le surprend quand un train surgit ! Le renard s'aplatit sous le train. Malheureusement, Chef tombe dans le ravin et se casse une patte. Se sentant coupable, Rouky promet à Chef de le venger.

Le lendemain, Amos Slade s'en prend à la Veuve Tartine : il veut tuer Rox ! Alors, la Veuve conduit son renard dans une réserve où il sera en sécurité. Rox y rencontre Vixy, une renarde qui lui apprend la vie dans la forêt. Cependant, Amos a retrouvé la trace de Rox dans la réserve.

Accompagné de Rouky, Amos Slade pointe son fusil sur Rox et Vixy. Soudain, un ours les attaque ! Surpris, le chasseur recule et se retrouve piégé par l'ours ! Rox bondit alors sur la bête et l'entraîne sur un tronc pourri, près de la cascade. Le tronc cède et l'ours tombe à l'eau. Sain et sauf, Amos Slade rejoint Rox sur la rive.

L'homme braque son fusil sur le renard. C'est alors que Rouky s'élance et se place devant Rox, le regard implorant. Amos Slade abaisse lentement son arme. Il a honte. Ces deux animaux sont meilleurs que lui. Rox et Rouky échangent un long regard d'adieu, avant de repartir chacun de leur côté. Même s'ils ne joueront plus jamais ensemble, leur amitié a été la plus forte.

★ Histoire N°23 ★

Disney · PIXAR

LÀ-HAUT

Le petit Carl adore l'explorateur Charles Muntz et son dirigeable, *L'Esprit d'Aventure.* Un jour, il rencontre Ellie, une petite fille qui partage la même passion. Pour sceller leur amitié, Ellie offre à Carl un badge d'explorateur. Devenus inséparables, Carl et Ellie grandissent, puis se marient. Ils rêvent d'aller voir les Chutes du Paradis, là où Charles Muntz recherche un mystérieux monstre.

Mais le temps passe. Ellie meurt sans être allée aux Chutes du Paradis, et Carl reste seul.

Un soir, il est dérangé par Russell, un jeune scout, qui frappe à sa porte. Carl se débarrasse de l'enfant en l'envoyant chasser le Dabou, un oiseau imaginaire. Puis il se décide enfin à partir pour les Chutes du Paradis. Il gonfle des ballons et transforme sa maison en montgolfière géante. Or Russell est resté cramponné à la porte !

Après avoir atterri, Carl et Russell se mettent en route vers les Chutes du Paradis en remorquant la maison grâce à un harnais. Le vieil homme et l'enfant commencent à s'apprécier. En chemin, ils rencontrent un oiseau géant, que Russell prend pour le Dabou et qu'il surnomme Kevin. Plus tard, le trio croise un chien nommé Doug, qui cherche un oiseau géant pour son maître... Russell comprend qu'il s'agit de Kevin.

Il doit le protéger !

Le lendemain, Carl et Russell sont arrêtés par trois molosses, qui les escortent de force chez leur maître. Qui n'est autre que... Charles Muntz, avec son *Esprit d'Aventure* ! L'explorateur leur montre le squelette de l'animal qu'il recherche : il ressemble à Kevin ! À ce moment-là, Muntz aperçoit justement l'oiseau couché sur le toit de la maison de Carl, et il ordonne à ses chiens de l'attraper.

Pris de panique, Carl et Russell courent se réfugier dans la maison, qui s'envole. Mais la nuit suivante, Muntz et ses chiens les retrouvent et capturent Kevin. Voyant la déception de Russell, Carl décide de se lancer à la poursuite de Muntz.

Carl réussit à s'introduire dans le dirigeable ! Alors qu'il libère l'oiseau, Carl est attaqué par Muntz. Carl riposte comme il peut avec sa canne et se bat avec courage. Finalement, Muntz tombe dans le vide.

Carl récupère Russell à bord du dirigeable.

Tandis que Kevin part retrouver ses petits, Carl, Russell et Doug rentrent chez eux à bord de l'*Esprit d'Aventure*. Quelques jours plus tard, Russell est nommé Explorateur confirmé chez les scouts, et Carl lui offre le badge qu'Ellie lui avait donné autrefois !

★Histoire N°24★

Oliver & Cie

Dans un carton sur un trottoir de New York, des chatons espèrent trouver un maître. Peu à peu, ils sont adoptés. Il ne reste plus qu'Oliver, un petit minet roux qui tremble et qui a faim. Un gros chien aborde le chaton et se présente comme Roublard. Il va lui montrer comment faire un bon dîner de saucisses !

Roublard vole des saucisses et s'enfuit, Oliver à ses trousses. Ils courent vers le port. À l'intérieur d'un vieux bateau, Roublard présente Oliver à Einstein le danois, Francis le bouledogue, Rita la chienne afghane, et Tito le chihuahua. Leur maître, Fagin, propose à Oliver de rester avec eux dans le vieux rafiot.

Les chiens veulent aider Fagin, qui a des ennuis d'argent. Ils choisissent une voiture que Francis heurte au démarrage. Le chauffeur descend et trouve Francis étendu sur la chaussée. Tito profite de la diversion pour démonter l'autoradio qu'il passe à Oliver.

Mais il y a une petite fille à l'intérieur de la voiture. Attendrie par le chaton, elle prend Oliver dans ses bras, tandis que le chauffeur remonte à bord et redémarre !

Chez elle, Jenny câline le chaton. Elle a déjà Georgette, une chienne caniche très snob, mais elle souhaite aussi adopter le chaton. La fillette offre à Oliver un collier avec sa nouvelle adresse. Pendant ce temps, les copains chiens d'Oliver sont devant la porte. Ils se faufilent dans la maison, où ils trouvent le chaton sur le lit de Jenny.

Roublard ramène Oliver sur le bateau de Fagin. En voyant son collier, ce dernier a une idée. Il écrit un billet : *« Si vous voulez récupérer le chat, venez à 11 heures ce soir sur les quais. Apportez de l'argent et ne dites rien, sinon... »* Il dépose le mot dans la boîte aux lettres de Jenny. Puis Fagin se précipite chez Sykes, à qui il doit de l'argent. Il lui promet de rembourser ses dettes grâce au chaton.

Le soir venu, Jenny est là. Elle a peur, surtout quand Fagin arrive. Elle avoue qu'elle ne peut pas payer, car elle n'a que son argent de poche. Ému, Fagin est sur le point de lui rendre Oliver quand Sykes surgit dans sa voiture noire et enlève Jenny :

« On va demander une vraie rançon maintenant ! » ricane-t-il.

Oliver court prévenir les chiens. Ils partent à l'assaut du repaire de Sykes et aident Jenny à s'évader.

Soudain, Sykes surgit avec deux terribles dobermans ! Heureusement, Fagin prend la petite bande sur son scooter. Sykes les poursuit en voiture, mais ne parvient pas à éviter le train qui fonce sur lui.

Ouf ! Fagin et ses amis sont sauvés !

Le lendemain, Fagin et ses chiens font la fête chez Jenny, qui a finalement adopté Oliver !

★Histoire N°25★

Disney

PLANES 2

Depuis le Grand Rallye du Tour du Ciel, Dusty a des problèmes avec sa boîte de vitesses. Dottie ne peut pas la réparer, aussi elle installe un voyant lumineux qui bipera si Dusty vole trop vite. Dusty teste le dispositif en accélérant à fond… et son voyant s'allume ! Il heurte une réserve de carburant qui explose. Mayday, le vieux camion de pompiers, tente d'éteindre les flammes tout seul, en vain.

Avec l'aide de ses amis, il vient rapidement à bout des flammes ! Dusty a soudain une idée : s'il ne peut plus être un champion de course, pourquoi ne deviendrait-il pas le coéquipier de Mayday ? Pour apprendre le métier de pompier, il se rend à la base aérienne de Piston Peak. Il y rencontre le commandant Blade Ranger. Dusty commence l'entraînement de pompier.

Tout à coup, la foudre s'abat aux alentours et provoque plusieurs incendies. Blade prend la tête des opérations et Dusty s'envole avec l'équipe.

Les flammes cernent des tracteurs !

Blade ordonne à un hélicoptère d'aller les secourir. Mais Dusty fonce à sa place. Blade est furieux : si Dusty désobéit, il ne deviendra jamais un bon pompier !

Le jour suivant, la forêt flambe. Dusty remplit ses citernes dans le torrent. Cependant, comme il ne peut pas voler trop vite, il est précipité vers la cascade. Heureusement, Blade le tracte à l'aide d'un filin. Dusty lui avoue alors son handicap ! Mais il faut vite repartir combattre le feu. Deux camping-cars sont bloqués par les flammes, alors Dusty s'élance à leur secours.

Il largue son eau sur l'incendie, et les deux camping-cars sont hors de danger.

Toutefois, Dusty a dû forcer sur sa vitesse, car son alarme s'allume et son moteur lâche ! Il atterrit tant bien que mal et s'évanouit. Quand Dusty reprend connaissance, il est sur la base de Piston Peak et sa boîte de vitesses est enfin réparée ! Il peut désormais rentrer chez lui et travailler comme combattant du feu avec Mayday !

★Histoire N°26★

Disney

Pinocchio

Geppetto, le sculpteur sur bois, achève Pinocchio, une marionnette en bois. Le vieil homme prie ensuite l'Étoile des vœux pour avoir un vrai petit garçon. Émue, la fée Bleue donne vie à la marionnette :

« Pinocchio, pour devenir un petit garçon, tu devras être sage ! » le prévient la fée.

Puis elle nomme le criquet Jiminy comme guide et conscience de Pinocchio.

Au réveil, Geppetto est fou de joie. Il envoie son fils à l'école. Mais Pinocchio est abordé par Gédéon et Grand Coquin. Au lieu d'écouter Jiminy, il suit les deux fripouilles, qui le vendent à Stromboli pour son théâtre de marionnettes. Pinocchio est ravi d'être une vedette mais le soir venu, il comprend qu'il a fait une bêtise...

Stromboli l'a enfermé dans une cage. Pinocchio pleure en pensant à son papa. La fée Bleue surgit à ses côtés et lui demande comment il a fait pour se retrouver là. Le pantin commence à raconter des mensonges. Son nez s'allonge de plus en plus ! Il finit par dire la vérité, et la fée le délivre. Pinocchio promet d'être sage et obéissant. Mais il rencontre à nouveau Gédéon et Grand Coquin, qui l'attirent sur l'Île Enchantée, où tous les enfants sont rois.

En réalité, les petits chenapans finissent par se transformer en ânes ! Heureusement, Pinocchio est sauvé juste à temps par Jiminy. Ils rentrent à la maison, mais il n'y a personne. Parti à la recherche de son fils, Geppetto a été englouti par Monstro, la baleine ! Pinocchio se jette dans la mer pour le retrouver, et il est avalé à son tour par le monstre.

Comme Geppetto est heureux de retrouver son fils ! Pinocchio a une idée : ils allument un feu pour faire éternuer Monstro, et ils sont éjectés sur le rivage ! Mais Pinocchio ne se relève pas.

De retour à la maison, Geppetto veille le petit corps sans vie. Alors la fée Bleue réalise un autre miracle : Pinocchio devient un vrai petit garçon pour le plus grand bonheur de son papa !

★Histoire N°27★

Disney · PIXAR

TOY STORY 3

Andy a dix-sept ans et il part à l'université. Woody l'accompagne. Andy met ses autres jouets dans un sac-poubelle pour les ranger au grenier. Mais, pensant qu'il contient des ordures, sa maman le dépose devant la maison... Heureusement, les jouets s'échappent avant le passage des éboueurs. Croyant qu'Andy a voulu se débarrasser d'eux, les jouets décident d'aller vivre à la garderie.

Les jouets sont accueillis par Lotso, un gros ours. Il leur décrit la vie de rêve qui les attend avec les enfants.

De son côté, Woody rejoint ses amis pour les convaincre de rentrer. Mais ces derniers refusent. Alors que Woody repart en cerf-volant, il se retrouve accroché à un arbre ! En l'apercevant, une petite fille nommée Bonnie l'attrape, heureuse d'avoir un nouveau jouet.

Pendant ce temps, à la garderie, un groupe d'enfants surgit. Lotso a menti, les enfants sont de vraies terreurs ! Le soir, Buzz cherche Lotso pour lui demander des explications et il découvre son plan :

la destruction des jouets d'Andy !

Mais Lotso le fait reprogrammer pour qu'il lui obéisse. Mme Patate, qui a laissé un œil chez Andy, voit le garçon chercher partout le sac de jouets.

Andy ne voulait pas les jeter aux ordures !

Les jouets décident enfin de rentrer chez eux quand Lotso survient : il ordonne à Buzz de les garder prisonniers.

Non loin de là, Woody s'amuse bien avec Bonnie, mais il ne veut pas abandonner ses amis. Il retourne à la garderie et déprogramme Buzz. Puis les jouets s'échappent par le vide-ordures et tombent dans la benne à déchets.

Alors qu'ils s'apprêtent à sortir de la benne, Lotso et ses complices les rattrapent ! La benne est alors renversée dans le camion-poubelle. Et tous les jouets sont emportés dans l'avalanche de déchets, y compris Lotso, qui s'est accroché à Woody ! À la décharge, les jouets sont brutalement déversés sur un tapis roulant qui se dirige vers un incinérateur.

Les jouets sont alors saisis par une pince géante commandée par les aliens. Ouf ! Ils sont sauvés ! Sauf Lotso, qu'un éboueur a pris pour l'accrocher devant son camion, avec d'autres mascottes. Quelle triste fin pour un jouet !

De retour chez eux, les jouets retrouvent Andy, qui est sur le point de partir. Vite, les jouets se cachent dans un carton, et Woody colle un papier dessus avec l'adresse de Bonnie. En voyant le papier, Andy comprend le message. Il se rend alors chez Bonnie et lui donne ses jouets. Il est sûr que la fillette s'en occupera avec autant d'amour que lui !

Histoire N°28

Disney

KUZCO, L'EMPEREUR MÉGALO

L'empereur Kuzco est un tyran égoïste et capricieux. Il a renvoyé Yzma, sa vieille conseillère, et il a convoqué Pacha pour lui dire qu'il allait détruire son village afin d'y construire sa résidence d'été !

Mais Yzma, qui est une sorcière, a décidé de se venger. Elle invite Kuzco à dîner et lui sert du poison dans un verre...

Or ce n'était pas le bon poison, et Kuzco se transforme en lama ! Kronk, le serviteur d'Yzma, l'enferme dans un sac, mais il trébuche, et le sac tombe dans la charrette de Pacha. Yzma et Kronk les poursuivent. Chez Pacha, le lama ordonne au paysan de le ramener au palais. Cependant, Pacha refuse.

Alors que Kuzco rentre seul, il est attaqué par des jaguars. Comme Pacha a un grand cœur, il lui porte secours et décide finalement de le raccompagner au palais. En chemin, ils grimpent sur une falaise, quand soudain, le sol s'effondre sous Pacha ! Heureusement, Kuzco le retient et lui sauve la vie. Peut-être qu'il y a du bon en lui ?

Pacha et Kuzco sont presque arrivés ! Mais avant d'aller au palais, ils se rendent dans le laboratoire secret d'Yzma pour y chercher un contrepoison. Cette dernière surgit alors et s'empare du précieux flacon. En tentant de le lui arracher des mains, Pacha fait tomber le flacon, ainsi que tous ceux de l'étagère à potions, qui se retrouvent mélangés.

Où le contrepoison se trouve-t-il donc ?

Kuzco goûte toutes les potions, ce qui le transforme en différents animaux, mais pas en humain.

Soudain, le contenu d'un flacon éclabousse la sorcière, qui se métamorphose en chat. Et voilà que Kronk ouvre une porte et écrabouille par mégarde le matou ! Kuzco boit alors la dernière potion… et redevient enfin lui-même !

Cette aventure a changé Kuzco : il renonce à son palais d'été et fait construire une petite maison à côté de celle de Pacha pour profiter des joies de l'amitié !

★Histoire N°29★

DISNEY · PIXAR

RATATOUILLE

Rémy est un petit rat qui ne rêve que de devenir chef cuisinier. Dans la maison où il vit avec sa famille, il apprend que son idole, le cuisinier Gusteau, est décédée. Mais Mabel, la propriétaire, découvre les rats et les chasse ! Rémy se retrouve séparé de sa famille.

Au même moment, un jeune homme nommé Linguini commence comme apprenti dans le restaurant de Gusteau.

Cherchant un abri, Rémy se réfugie dans les cuisines du restaurant où Linguini est en train de rater une soupe. Saisissant l'occasion d'exercer ses talents, Rémy mélange les ingrédients. Mais Linguini aperçoit le rat et le capture. Il est sur le point de le jeter dans la Seine quand le regard suppliant de l'animal l'arrête. Le jeune homme lui laisse la vie sauve en échange de sa recette.

Le lendemain, en cuisine, le rat dirige les gestes de Linguini. Leur association est une telle réussite que Linguini est récompensé. Il devient l'apprenti de Colette, une des cuisinières. C'est alors qu'une lettre d'avocat informe Skinner, le chef du restaurant, que Gusteau avait un fils caché, qui n'est autre que... Linguini !

Rémy découvre la lettre dissimulée par Skinner. Il court informer Linguini, qui devient alors le propriétaire du restaurant. Linguini prend vite la grosse tête et ne veut plus suivre les ordres du rat ! Déçu, Rémy s'enfuit...

Mais voilà qu'Anton Ego, le célèbre critique gastronomique a annoncé sa visite. Sans Rémy, Linguini est perdu !

Alors qu'Anton Ego est attablé, Linguini, désemparé, révèle son secret au personnel. À cette nouvelle, tous rendent leur tablier. Heureusement, Rémy a un grand cœur et il arrive en renfort avec toute sa famille. Linguini est sauvé !

Anton Ego déguste une délicieuse ratatouille et il demande à féliciter le chef. Quand il découvre qu'il s'agit de Rémy, il est surpris mais séduit ! Un grand avenir attend désormais Linguini et Rémy !

★Histoire N°30★

Disney

VOLT

STAR MALGRÉ LUI

Volt et sa maîtresse Penny sont inséparables. Le père de Penny est un scientifique qui se cache de son ennemi, le Dr Calico. Pour protéger sa fille, le savant transforme Volt en Super Chien de Garde, comme l'atteste l'éclair noir sur son flanc.

En réalité, l'existence de Volt n'est qu'une illusion. Le petit chien l'ignore, mais il n'est pas un super-héros, il est juste le personnage d'une série télévisée.

Les producteurs ont demandé à Penny de lui mentir pour qu'il soit réellement attaché à elle. Jusqu'au jour où, dans la série, le Dr Calico enlève Penny. Volt veut la sauver, mais, comme il devient agressif, un dresseur l'enferme dans une salle. Alors le chiot s'enfuit par une fenêtre du studio et tombe dans un colis, qui est expédié à New York. Là, il rencontre la chatte Mitaine.

Elle lui propose de l'aider à rentrer chez lui. En chemin, ils font la connaissance de Rhino, un hamster, fan de la série dans laquelle joue Volt. Il se joint à eux. Mitaine tente d'expliquer à Volt qu'il n'a aucun pouvoir, en vain. C'est alors qu'ils sont capturés par le camion de la fourrière ! Heureusement, grâce à l'intervention de Rhino, ils sont libérés.

Volt comprend enfin qu'il est un chiot ordinaire, car ses pouvoirs n'ont pas fonctionné dans le camion. Mitaine expose à Volt les avantages de la vie d'un vrai chien domestique, et l'entraîne à devenir un bon compagnon.

Lorsqu'ils arrivent enfin aux studios, Volt entend la voix de Penny et s'élance vers la fillette… mais il voit qu'elle serre dans ses bras un autre chiot, qui lui ressemble comme deux gouttes d'eau. Le cœur brisé, Volt s'éloigne sans bruit. Il ignore que Penny répète une scène avec une doublure !

Penny n'a jamais oublié le premier Volt, le seul et l'unique dans son cœur.

Soudain, l'instinct de Volt le prévient que Penny est en danger. Il y a un incendie sur le plateau et Penny est prisonnière à l'intérieur ! Volt bondit au milieu des flammes. Il conduit la fillette devant une bouche d'aération et il aboie de toutes ses forces pour appeler les secours.

L'aboiement se répercute et parvient aux oreilles des pompiers… Volt, le chiot sans pouvoirs, est finalement un héros dans le monde réel. Il a sauvé Penny. Désirant devenir, elle aussi, une fillette comme les autres, Penny décide de quitter la série et adopte Volt, Mitaine et Rhino. Désormais, ils partagent tous un Super-Bonheur !

Édité par Hachette Livre – 58 rue Jean Bleuzen, 92178 Vanves Cedex
Imprimé par Macrolibros en Espagne – Achevé d'imprimer : avril 2021
ISBN : 978-2-01-280423-4 – Édition : 12 – Dépôt légal : avril 2016
Loi n°49-956 du 16 juillet 1949 sur les publications destinées à la jeunesse.
Pour tout renseignement concernant nos parutions, nous contacter par téléphone au 01 43 92 38 88
ou par e-mail : disney@hachette-livre.fr

Pour l'éditeur, le principe est d'utiliser des papiers composés de fibres naturelles, renouvelables, recyclables et fabriquées à partir de bois issus de forêts qui adoptent un système d'aménagement durable. En outre, l'éditeur attend de ses fournisseurs de papier qu'ils s'inscrivent dans une démarche de certifi cation environnementale reconnue.